ໂດຍ: ຄິມ ສິມອນກິບິ

Library For All Ltd.

ຂາ

ຈັດພິມຄັ້ງທຳອິດໃນປີ 2019. ແປ ແລະ ຈັດພິມໃນ ສປປ ລາວ ປີ 2020.

ຈັດພິມໂດຍ: ອົງການ Library For All
ອີເມວ: info@libraryforall.org
URL: libraryforall.org

ປື້ມພາສາລາວເຫຼັ້ມນີ້ ຖືກສະໜັບສະໜູນໂດຍການຮ່ວມມືຂອງ

ຂາ
ຄິມ ສີນອນກິນີ
ISBN: 978-9932-09-097-6
SKU00912

ຂາ

ໝາມີສີ່ຂາ.

ໝູມີສີ່ຂາ.

ຊຽດມີສີ່ຂາ.

ເຕົ່າມີສີ່ຂາ.

แฮ้มิสี่ขา.

ແມງມຸມມີແປດຂາ.

ນິກມີສອງຂາ.

ມິດມີທິກຂາ.

ຂ້ອຍມີສອງຂາ.

ງູບໍ່ມີຂາ.

ຂໍ້ມູນທາງບັນນານຸກົມຂອງຫໍສະໝຸດແຫ່ງຊາດ

ຄິມ ສິມອນກິບີ
ຂາ L / ໂດຍ ຄິມ ສິມອນກິບີ. -- ຄັ້ງທີ່2. -- ວຽງຈັນ : ມັກອ່ານ,
2020
30 ໜ້າ : ພາບປະກອບສີ ; 21 ຊມ
1. ວັນນະກຳສຳລັບເດັກ
I. ຊື່ເລື່ອງ
808.899282 -- dc21
ISBN 978-9932-09-097-6

ເຈົ້າສາມາດໃຊ້ຄຳຖາມດັ່ງລຸ່ມນີ້ເພື່ອ ສົນທະນາກ່ຽວກັບເລື່ອງທີ່ອ່ານກັບ ຄອບຄົວ, ໝູ່ ແລະ ຄູອາຈານ.

ເຈົ້າໄດ້ຮຽນຮູ້ຫຍັງຈາກເລື່ອງນີ້?

ຈົ່ງອະທິບາຍເລື່ອງນີ້ ໂດຍໃຊ້ຄຳບັນຍາຍ
1ຄຳ. ຕະຫຼົກ? ຢ້ານ? ມີສີສັນ? ໜ້າສົນໃຈ?

ເມື່ອອ່ານຈົບແລ້ວ,
ເລື່ອງນີ້ໃຫ້ຄວາມຮູ້ສຶກຫຍັງແດ່?

ໃນເລື່ອງນີ້, ເຈົ້າມັກສິ່ງໃດຫຼາຍທີ່ສຸດ?

ດາວໂລດແອັບ
getlibraryforall.org

ກ່ຽວກັບຜູ້ປະກອບສ່ວນ

ຄິມ ສີມອນກົບ ເປັນຜູ້ຊ່ວຍສາດສະດາຈານ ຢູ່ໂຮງຮຽນເດັກນ້ອຍ ແລະ ໂຮງຮຽນປະຖົມສຶກສາຢູ່ທີ່ມະຫາວິທະຍາໄລ ແຄນເບີຣາ, ປະເທດອົດສະຕຣາລີ. ຄິມ ໄດ້ເຕີບໃຫຍ່ຢູ່ເມືອງແຄລ, ລັດ ຄວີນແລນ. ລາວມີຄວາມສຸກທີ່ໄດ້ເຮັດວຽກຢູ່ ປະເທດປາປົວນິວກີນີ ເພາະມັນເຮັດໃຫ້ລາວຄິດຮອດ ຊ່ວງເວລາທີ່ຍັງເປັນເດັກນ້ອຍ. ຄິມ ມັກໃນການອ່ານ ແລະ ເຊື່ອວ່າ ເດັກນ້ອຍທຸກຄົນຄວນໄດ້ອ່ານປຶ້ມ ທີ່ມີເນື້ອຫາກ່ຽວຂ້ອງ ດ້ານວັດທະນະທຳ.

ປື້ມຫົວນີ້ມ່ວນບໍ່?

ພວກເຮົາມີປື້ມຫຼາຍຮ້ອຍຫົວໃຫ້ເລືອກອ່ານ.

ພວກເຮົາຮ່ວມມືກັບນັກຂຽນ, ຊ່ຽວຊານດ້ານການສຶກສາ, ທີ່ປຶກສາທາງດ້ານວັດທະນະທຳ, ລັດຖະບານ ແລະ ອົງກອນທີ່ບໍ່ຂື້ນກັບລັດຖະບານ ເພື່ອນຳຄວາມເພີດເພີນ ໃນການອ່ານໃຫ້ກັບເດັກນ້ອຍທົ່ວທຸກແຫ່ງ.

ຮູ້ບໍ່?

ພວກເຮົາສ້າງການປ່ຽນແປງທີ່ດີໃນຂົງເຂດນີ້ ໂດຍປະຕິບັດ ເປົ້າໝາຍການພັດທະນາແບບຍືນຍົງຂອງສະຫະປະຊາຊາດ.

libraryforall.org

www.ingramcontent.com/pod-product-compliance
Lightning Source LLC
LaVergne TN
LVHW050948250826
846485LV00044B/1012

* 9 7 8 9 9 3 2 0 9 0 9 7 6 *